クスリ絵 PRO

25年に及ぶ
臨床実績に基づく
色・形・数のパワーで
真の健康が叶う

ドクター
丸山修寛 著
Nobuhiro Maruyama

JN101138

ビオ・マガジン

クスリ絵

　私たちは簡単にいうと身体と心からできています。もう少し詳しくいうと肉体という物質的な側面と、心・意識・生命エネルギー（気）という非物質的な側面からできています。人は物質的な側面に異常があっても、非物質的な側面に異常があっても健康に生きることはできません。この両者がともに正常に働いてはじめて健康といえるのです。そのため、薬で人の物質的側面である肉体のみを治そうとする現代医学だけでは治らない病気や症状も当然、出てきます。薬は人の非物質的な部分である気と呼ばれる生命エネルギーの異常によって起こる症状や病気を治すことができないからです。これらを治すことができるのは最近まで東洋医学の鍼灸や気功だと考えられてきました。

　ところが私の25年に及ぶ診療研究や臨床実績からすると、色

⃝ 最高峰

や形（カタカムナやホツマ文字などの古代文字や数字なども形に含む）、音（言霊）、数（数霊）などにも生命エネルギーの異常を正す作用があることがわかってきました。これらのうち色や形、それぞれを単独で使っても効果がありますが、特に色、形、数を組み合わせて使うとより強い効果を得られることが、経験的にわかってきています。さらに臨床の場でも十分な効果を示すように、私は植物の発育の仕方を決定づけるフィボナッチ数列や、人体の発生から細胞分裂、DNAの立体構造にも内包される黄金比、神聖幾何学、さまざまな数学的理論、星座の運行法、量子力学の考え方などもクスリ絵に取り入れるようにしました。その結果、クスリ絵の最高峰ともいえる本書が出来上がったのではないかと思っています。

　このようにしてつくった数々のクスリ絵を当クリニックに来られる患者さんのみならず、クスリ絵関連の本を手にした多くの方に活用していただきました。そして薬が効かなかった症状にクスリ絵が効いたという喜びの報告をたくさんいただいています。クスリ絵の効き方にびっくりして仙台の当クリニックまで来てくださる方もいらっしゃるほどです（もちろん、クスリ絵で改善しない症状や病気もあります）。クリニックでは、クスリ絵を実際に背中やお腹に貼り、治療を行います。すると、すぐに身体が温かくなって気が流れると感じる人が多いようです。クスリ絵は間違いなく、気の流れを改善し、症状を和らげ病気を治しやすくしてくれます。プロの整体師さんの中には私よりも上手にクスリ絵をお使いになって症状や病気を治されている人もいます。

気という生命エネルギーには電気的な性質と磁気的な性質が
ありますが、クスリ絵は紙に印刷した絵にもかかわらずその両
方に作用して異常を治しているようなのです。というのは電磁
波過敏症の人であっても電磁波を遮断するような金属やセラ
ミックスを使わなくてもクスリ絵のみで症状が改善する方がい
るからです。またマンションの3階以上に住むと起こりやすい
磁気不足症候群の人にも試していただきましたが、症状が改善
するようです。

　今回の『クスリ絵PRO』は、クリニックでも実際に活用して
いる最新の絵柄のなかでも、非常に効果が高いものを85種類、
厳選して掲載しています。自分にとって、しっくりくる活用法
で日常に心地良く取り入れていただき、健康づくりの一助にし
ていただければ幸いです。

クスリ絵の劇的な進化の理由
カタカムナの神様に導かれて…。

　カタカムナを知ってからクスリ絵の進化が止まらなくなったように思います。カタカムナの神様はクスリ絵などの形や絵をつかさどる神様です。カタカムナを漢字で表現すると、像（形）神名になります。つまり、形の神様の名ということです。カタカムナ（像神名）という言葉を発することは、形をつかさどる神様を呼び、神様のお力をいただくこと、神様と見合うことになります。私がカタカムナウタヒを歌っていると、宮城県の仙台にいるにもかかわらず、遠く離れた広島の厳島神社の形や絵をつかさどる神様から遊びに来るようにというお誘いがありました。そこで、すぐに厳島神社に行って御祈祷をしてもらうことにしました。するとその日は連休で、ものすごくたくさんの参拝客がいるにもかかわらず、御祈祷を受けるのは私と私の家族だけでした。そして御祈祷が始まると神主さんが、自分の背丈ほどあるすごく大きくて重量感のある、大人でも一人では運べないような木枠にかけられた御幣を木枠ごと担ぎあげました。

御幣は神様の依り代です。それを動かすことは、よほどのことがない限りしないはずです。ところが神主さんはそれを10メートルほど離れたところにいる私のほうに向かって、一人でよろけながら運んでこられました。神主さんは私の前に来るとそれを私の頭にゴシゴシと何度もこすりつけました。周りにいた神社の関係者の方もそのようなことは見たことがないらしく非常に驚いておられました。もちろん、当の私も何をされているかがさっぱりわからず驚くばかりでした。そのあとお祓い用の大麻<ruby>大麻<rt>おおぬさ</rt></ruby>で再度、お祓いをしていただいたので、その前の出来事は異例のことだとわかりました。おそらく厳島神社の形や絵の神様は私にクスリ絵をつくるお力と使命をお託しになられたのだと自分なりに思いました。このようなことがあってからクスリ絵の進化が加速しました。このような不思議な体験を機に生まれたクスリ絵の数々は、人の周りに高次元空間をつくります。そして、臨床実験を繰り返した結果、その中で人は素粒子レベルから最高の状態へと瞬間変容することがわかりました。

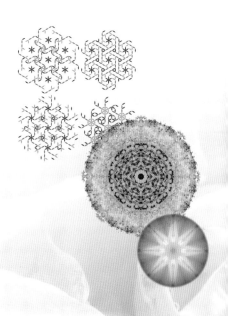

PART 1

究極のクスリ絵⋯⋯⋯10

従来のクスリ絵よりも
さらに深く、速く
潜在意識に働きかけ
運気まで上昇

本書の使い方

- すべて切り離してご活用いただけます。
- 各絵柄の裏面に、名称と期待できる効能を記載しています。
- 直感で惹かれる絵柄、あるいは症状や効果から気になるものをご使用ください。
- 眺めたり、触れたりするだけでも効果はありますが、
  特におすすめの活用法があるものは各絵柄の説明文に記載しています。
- 膜空間療法クスリ絵(P88 〜)は、P89で紹介している方法で
  まず膜空間をつくってから身体に当てたり、触れたりしましょう。
- いずれも副作用はありません。好きなだけご活用ください。
- あまり頭を働かせずリラックスして活用するのがポイントです。
- 目には見えなくとも、潜在意識は喜んでいることを信頼してください。

クスリ絵PROの ココがすごい!

◉ 誰が使っても効果を感じやすい
◉ 症状を和らげる働きが高い
◉ 病気が治る方向に身体を誘導する作用が強い
◉ 気の流れが、格段に良くなる

究極のクスリ絵

緻密に計算された、高次元の扉をひらく数字から導き出された、美しい色と形で構成された最新のクスリ絵。潜在意識へとダイレクトに働きかけながら、不調や病を癒すもの。さらに願いや夢を叶えてくれる力を秘めたパワフルなクスリ絵の数々。パラパラめくって瞬時に惹かれる絵柄は、今あなたが必要とするエネルギーを放っています。感覚を働かせて、その繊細な高次元の光を楽しんでください。

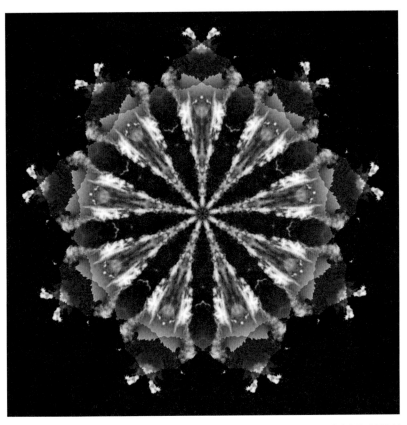

GOOD LUCK

GOOD LUCK

★ 呼吸に関する問題を解決
★ 幸運をもたらす
★ 願いを叶える

呼吸に関する問題を解決へと導きます。さらに幸運をも
たらす働きもあり、あらゆる願いや希望を高い確率で叶
えてくれるでしょう。願いを叶えたいときには、この絵
柄の余白に願い事を書いてください。

火の神

火の神

★ 動悸・寝汗の改善
★ ぐっすり眠れる
★ 自信をもたらす

心臓の働きを整えます。動悸や寝汗といった自律神経の乱れによる不調もケアしてくれます。さらに人の心を光り輝かせ、試験や勝負事に勝つ運を与え、自信をもたらす働きも期待できるでしょう。

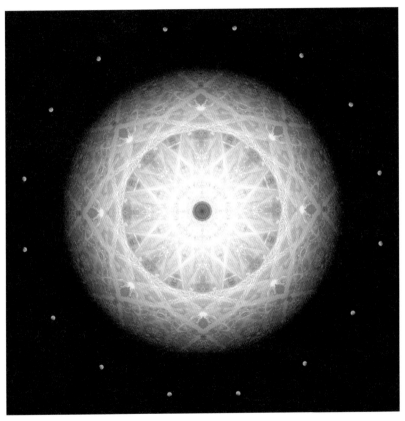

ゆるがない平和

ゆるがない平和

★ リンパの流れをスムーズに
★ 心を平和・平穏に
★ 問題解決の糸口を届けてくれる

胸や脇の下に貼っておくと、リンパの流れがスムーズに。また、心を平和・平穏に保ちます。問題を抱えている人は、悩みを絵柄の中心に投げ込むようにイメージすると問題解決の糸口を見出せるでしょう。

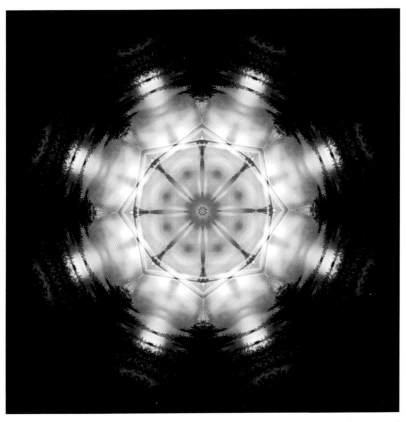

リズムオレンジ

リズムオレンジ

★ 胃腸全体の働きを活発化
★ 思いの現実化をサポート
★ 自分軸を強くしてくれる

胃腸全体の働きを活発化しながら、自分の思いや理想が
スムーズに実現できるようパワフルに後押ししてくれま
す。日常的に眺めたり、触れたりするうちに人々に良い
影響を与える側へとシフトしていくことでしょう。

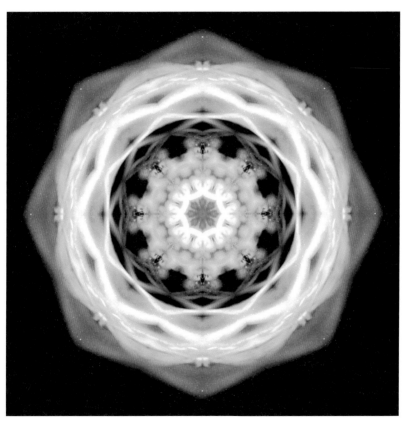

ルーセントグリーン

ルーセントグリーン

★ 深い癒しをもたらす
★ 血液の循環を良好に
★ 首、肩、心臓、左半身をケア

心身を深いレベルで癒してくれる、リラクゼーションに最適なクスリ絵です。血液の循環をスムーズにし、冷えや、冷えによる心身のしびれも改善へと導いてくれます。首、肩、心臓、左半身の不調改善にも。

溢れんばかりの喜び

溢れんばかりの喜び

★ 股関節の歪みをケア
★ 関節の可動域向上にも
★ 喜びを引き寄せる

股関節の歪みを改善へと導き、体中の関節の可動域を広げる助けをします。腰痛や歩行障害を抱える人のお守りに。歓喜に溢れた自分をイメージしてこの絵を眺めると、さらに効果倍増。たくさんの喜びがやってきます。

鏡の国のアリス

鏡の国のアリス

★ 脳力を全開にする
★ 不可能を可能にする
★ 幸せを引き寄せる

脳力を全開にし、ありえない願いをも可能にしてしまう
パワフルなデザイン。朝起きたときに、これから起こる
ことにワクワクしながらこの絵を眺めると、面白いこと
に巡り合えるかもしれません。

決断力

決断力

★ 体力、気力全体を底上げ
★ 成功へと導く
★ 前立腺の働きを高める

体力、気力全体を底上げしながら決断したことをブレずにやり遂げられるよう後押し。成功までの道のりを見守ってくれるでしょう。前立腺の働きを高め、排尿をスムーズにする効果も期待できます。

実績の開花

実績の開花

★ 努力が実を結ぶようサポート
★ 記憶力を高めてくれる
★ 受験生のお守りにも

日々、眺めたり触れたりしていると、これまで努力したことが実りやすくなり、社会的にも認められるようになるでしょう。脳に働きかけ、記憶力を高めてくれるので、受験生のお守りにもおすすめです。

真我

真我

★ 免疫力を向上
★ 本当の自分とのつながりを強化
★ 幸せへの気づきを得られる

免疫力を向上させると同時に、誰もが本当の自分とつながれるよう助けてくれます。この絵柄と日常的に接していると、どんな人生を歩むことが自分にとっての幸せなのか、その気づきを得やすくなります。

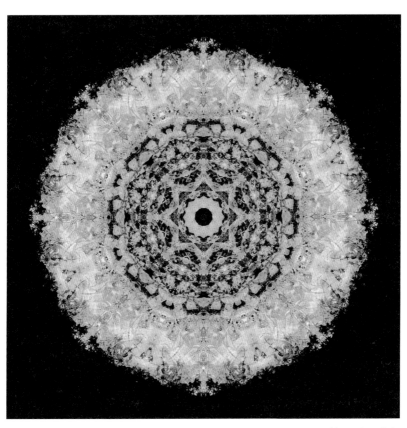

神々からの叡智

神々からの叡智

★ インスピレーションをもたらす
★ デトックス効果がある
★ 肝臓を労る

さまざまな問題を解決するひらめきを得られるクスリ
絵。またデトックス効果もあります。薬の服用を継続し
ている人や、お酒好きの人は肝臓の周囲に絵柄を外側に
向けて当てると、肝臓を労ることができるでしょう。

神性からの友情

神性からの友情

★ 軽いうつ状態の改善に
★ 孤独な気持ちを和らげる
★ 自信と勇気をもたらす

私たちは一人の孤独な人間ではなく、多くの神性に支え
られています。このクスリ絵を持つと、そのことをより
実感しやすくなります。自信と勇気をもって、思い描く
人生を大胆に楽しみたい人におすすめです。

神性の思いやり

神性の思いやり

★ 耳に関する問題を解決
★ 神性な存在とのつながりを強化
★ 有形無形の恩恵を受け取れる

耳に関する問題を解決するクスリ絵です。また、大いなる神性な存在からの守護を受けられます。このクスリ絵を持つ人には、経済的支援、人的支援からひらめきまで有形無形の恩恵がもたらされるでしょう。

善意の拡張

善意の拡張

★ 腎臓の機能を向上
★ 人の本質へと導く
★ 善なる意識を拡張

このクスリ絵は、人の本質が善であることを教えてくれます。そして、その善なる意識が心の内側から外側へと拡がっていくように促してくれるでしょう。さらに、腎臓の機能を高める働きも。

単純明快

単純明快

★ 人間関係のもつれをほどく
★ 虫歯や歯槽膿漏を予防
★ 歯や歯肉を丈夫に

人間関係のもつれを単純明快にし、解決しやすくしてくれます。また、虫歯や歯槽膿漏の予防にも役立ちます。この絵柄の上にしばらく置いた水を毎日飲むと、歯や歯肉を丈夫にしてくれるでしょう。

インナーパッション（内なる情熱）

インナーパッション（内なる情熱）

★ 頸椎のズレを調整
★ めまい、頭痛、吐き気を軽減
★ 情熱を育み、願いを叶える

頸椎のズレを調整。めまい、頭痛、吐き気、肩コリ、動悸、息切れなどあらゆる症状に役立ちます。絵柄を外側に向けて首の後ろに当ててください。さらに心の内にある情熱を育み、願いを叶える力も授けてくれます。

スマイルスマイルスマイル

スマイルスマイルスマイル

★ 気分を晴れやかに
★ 日常に笑顔をもたらす
★ 気の流れを良好に

日常から笑顔が減ったなと感じたとき、この絵の中心を
眺めてください。うつうつとした気分が薄らいでいき、
自然と笑顔になるような出来事が起こるでしょう。絵柄
を外側に向けて下腹部に当てると気の流れも良好に。

ブレンダ

ブレンダ

★ 仲間との一致団結に
★ 早期の目標達成をサポート
★ 想像以上の成果を得られる

仲間と一致団結して進めたいプロジェクトがあるときに
役立ちます。クスリ絵に、一緒に取り組む仲間の名前を
1名ずつ丁寧に書いて、皆が見えるところに置いておく
と早期の目標達成を支えてくれます。

シルクルス

シルクルス

★ 自己嫌悪を癒す
★ イライラの改善に
★ 人間関係を良好に

眺めているだけで自分への嫌悪感が薄れ、イライラした
気持ちを鎮めてくれます。このクスリ絵と一緒に、関係
を良好にしたい人の写真を飾っておくと、その関係性
や、ともに過ごす環境が平和になります。

ウォーターホール

ウォーターホール

★ 内なる叡智につながる
★ アイデアが溢れ出る
★ 仕事がはかどる

内なる叡智につながり、多くのひらめきが内側からとめどなく湧き出てくるようになるでしょう。朝、仕事を始める前に数分間眺めてみてください。アイデアに恵まれ、仕事がさくさく進むはずです。

ホワイトライオン

ホワイトライオン

★ 弱気を強気に
★ 勇気をもたらす
★ いじめから守る

引っ込み思案で弱気な人に、表舞台に立つ勇気を与えて
くれます。人間関係にも働きかけ、特にいじめに悩んで
いる人におすすめです。持っていると、自分の中の弱い
部分を支え、強い心をつくるサポートをしてくれます。

ブルーレイ

ブルーレイ

★ 悩みがあるときの支えに
★ 問題解決の糸口を見出せる
★ 心の負担を軽減

何か問題が生じたとき、このクスリ絵の中心に向かって、問題解決の方法を真剣に尋ねてみましょう。声を出すのが恥ずかしければ、心の中で語りかけてもOKです。必要な答えを見出せるでしょう。

ピラミッドゴーランド

ピラミッドゴーランド

★ 勉強も仕事も順調に
★ 物事がスムーズに循環
★ すべてが、うまくいく

仕事、研究、創作、勉強…人間活動のすべてを、うまく
循環させるエネルギーをもつクスリ絵です。特に順調に
進めたい計画があるとき、何度も触れてみてください。
よりスムーズに物事が運ぶでしょう。

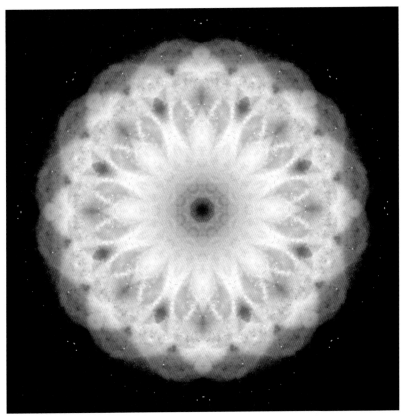

支えあい

支えあい

★ 人間関係を良好に
★ 支えたい人を支えられる
★ 支えられたい思いを叶える

夫婦関係、恋人関係、友人関係をかけがえのないものにするよう働きかけます。絵の中に周囲の支えたい人、もしくは支えられたい人の名前と、できれば生年月日を書くと望む関係へと導かれます。

集中力強化

集中力強化

★ 脳を活性化
★ 集中力の向上
★ 創作意欲を高める

数分間眺めるだけで、脳が集中する準備を始めます。集中して何かに取り組みたいときに、力になってくれることでしょう。日々創作活動に打ち込まれている方、仕事で結果を出したい方に。

トリイ

トリイ

★ 邪気から身を守る
★ 結界を張る
★ 空間を清浄に保つ

嫌な人やもの、邪気が自宅や職場といった自分のテリトリーに入ってこないように結界を張ってくれるクスリ絵です。玄関や部屋の入り口に貼っておくことで、自身をしっかり守ることができます。

ブルーサファイアⅡ

ブルーサファイアⅡ

★ 宇宙の叡智をもたらす
★ 願いや希望を叶いやすくする
★ 物事がよりスムーズに

宇宙の叡智を現実世界に落とし込み、利用できる形にするよう働きかけてくれます。家の中心に飾っておくと、願いや希望を叶えるうえでの叡智がもたらされ、思いの実現を後押ししてくれます。

エナ

エナ

★ 生理にまつわる不調に
★ 妊娠環境を整える
★ 身体を温める

女性の生理にまつわる不調や、妊娠環境を整えてくれます。絵柄を外側に向けて、腹部や背中に貼ると効果的です。身体に当てた瞬間から、ぽかぽかするなど生命エネルギーに素早く働きかけるのが特長。

オラクル

オラクル

★ インスピレーションをもたらす
★ 今必要なメッセージを受け取れる
★ これからの指針が見えてくる

天からインスピレーションや指針を受け取りやすくして
くれます。自分自身が直面している現実を都合良く解釈
せず、心の目でありのままを見ると、この絵から今必要
なメッセージがやってきます。

ブライス

ブライス

★ 自信をもたらす
★ 困難を乗り越える力が得られる
★ 人からの影響を受けにくくする

あらゆる事柄に対して自信をもって対処できるよう支え
てくれます。困難な状況に直面しているとき、さらに苦
手な人や、緊張する相手と取り組むことがある際に、そ
れを乗り越える力が得られるでしょう。

悪縁カット

悪縁カット

★ 悪縁を断ち切る
★ 嫌な出来事をはね除ける
★ ストレスから守ってくれる

嫌な出来事や人との関係を断ち切りやすくしてくれるクスリ絵です。絵柄の中央に縁を切りたい事柄、人間関係を書いておくと良いでしょう。あらゆる摩擦、ストレスからあなたを守ってくれます。

ヘルプテス

ヘルプテス

★ 夢の実現をサポート
★ あらゆる援助を引き寄せる
★ より充実した日々を送れる

やりたいこと、達成したいことへの支援や援助が多方面からやってくるクスリ絵です。絵柄の中心に自分がやりたいと心から思うことを書いて、毎日それを見るようにするとより効果を得やすくなります。

スペースランタン

スペースランタン

★ 弱点と向き合う勇気を得られる
★ 弱点克服のヒントをもたらす
★ より自信をもてるようになる

弱点を克服したいときに力になってくれます。絵柄に触れたり、眺めたりしながら弱点と向き合い、どうすれば克服できるのかを問うと、それを乗り越えるうえで役立つひらめきを受け取れます。

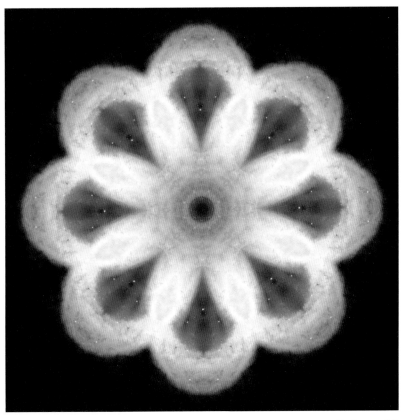

ライトアップル

ライトアップル

★ 落ち込んだときの支えに
★ 気持ちを前向きにしてくれる
★ 問題の原因を解消

うつうつとした気持ちや、沈んでいた気持ちが前向きになるよう働きかけてくれます。絵柄の中心や端に、落ち込みの原因を書いておくと、それらが解消されるよう手助けをしてくれるでしょう。

ほっこり

ほっこり

★ 心をほぐしてくれる
★ ほっこりする出来事を引き寄せる
★ 気持ちを解放したいときに

眺めてよし、触れてよし！ ワクワクしながらこの絵柄を活用してください。心がほっこりとするような出来事を、どんどん引き寄せてくれるでしょう。辛いときこそ、支えになってくれるはずです。

めぐり

めぐり

★ 本当に必要なものを引き寄せる
★ 日常がスムーズに循環
★ 人生がシンプルに好転

自分に必要なものが、必要なときにちゃんとめぐってくるよう働きかけてくれるクスリ絵です。今何が本当に必要なのかを明確にして、絵柄の中央にそれを具体的に書くと効果を得やすくなります。

クララ

クララ

★ 不調の原因を消し去る
★ 痛みやかゆみを軽減
★ 張りやコリを癒す

あらゆる病気や不調の原因となるエネルギーを消し去ってくれます。痛いところ、かゆいところ、張りやコリを感じる部分に絵柄を外側に向けて貼っておくと、す〜っと楽になっていくのを感じます。

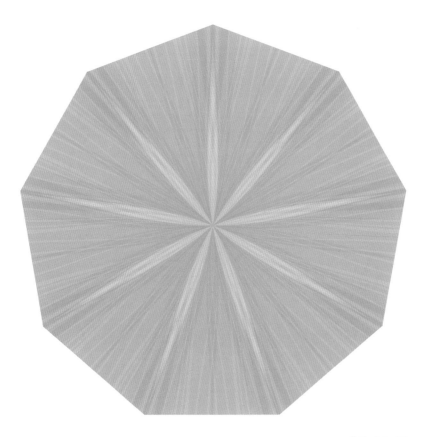

ダイレクトパス

ダイレクトパス

★ 目標達成へと導く
★ 自分の真実からブレなくなる
★ 自分の道を阻むものを排除

目標に向かって寄り道せず一直線に到達させてくれる力をもちます。目標達成を阻むものを排除してくれるのです。絵柄を外側に向けて心臓のあたりに貼るか、左胸のポケットに入れておくとより効果的。

PART

2

膜空間療法クスリ絵

膜空間療法とは、自分の周りにシャボン玉のような膜状の高次元空間をつくり、その中で心身を癒す方法です。創始者は「神山まっさあじ療院」の神山三津夫先生。ここで紹介するクスリ絵は、いずれも神山先生がチャネリングを通じて宇宙から降ろした数字をもとにつくられています。効果を十分に感じたい人はP89の方法がおすすめですが、身体に貼ったり、眺めたりするだけでも構いません。

CHECK!

絵柄を切り離して活用される場合、2枚セットの絵柄は、並べて左右の手からエネルギーを感じたり、絵柄を外側に向け、重ねて身体に当てる、あるいは貼っても構いません。その場合、どちらの絵柄を上にするのかは、ご自身の感覚を頼りに心地いいほうを採用してください。

膜空間療法の実践法

膜空間療法クスリ絵の中より、今の自分が一番惹かれる絵柄を選択。それを使って自分の周囲に膜をつくりましょう。

 1

クスリ絵を眺めながら人さし指を立てます。指の先端に意識を向けながら「潜在意識さん、愛しています。ありがとう」と心の中で唱えます

2

両手の人さし指の先端を意識したまま、胸の中央からみぞおちあたりにも意識を向けて「私に膜をかけます」と宣言をしましょう

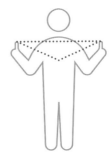

※大切な誰かに膜をかけたい場合、相手と向き合い、その方にも両手の人さし指を立ててもらいます。そして最後は相手のために宣言をします。 例)「○○さんに膜をかけます」

POINT
★やりたいと感じたときに、何度でも行ってください。自由に活用しましょう
★膜空間療法のクスリ絵ではない絵柄で試しても問題ありません
★膜空間の中では素粒子レベルで変容が起きていることも信頼してください

膜空間をうまくつくるコツ

この療法を成功させるには、なんといっても潜在意識の協力が欠かせません。潜在意識は、私たちの身体の中のもう一人の自分ともいえる存在です。ただ潜在意識は、よほどのことがない限り言葉を発したり、自分がいることを知らせてはくれません。そのため多くの人が潜在意識を察知できません。それでも潜在意識はけなげに私たちが人生を生きることを可能にしてくれているのです。だからこそ、膜空間療法を始める前に「潜在意識さん、愛しています。ありがとう」と心の中で唱えることが大切なのです。初めは効果を感じにくいかもしれませんが、すぐに投げ出さず、潜在意識への愛と感謝を込めて継続してみてください。きっと良い変化が訪れることでしょう。

※膜空間を体感できるかいなかは個人差があります
※膜空間を感じなくとも、空間は確かにできているので信頼してください

うつ

うつ

★ うつの原因を一掃
★ 潜在意識から元気に
★ ネガティブな記憶を癒す

自分が長時間過ごす場所に飾り、1日7回ほど見るようにしましょう。眺める度に絵柄の黄色、青色、藍色、緑色が潜在意識にダイレクトに働きかけ、うつ症状を引き起こす負の記憶を消し去ってくれます。

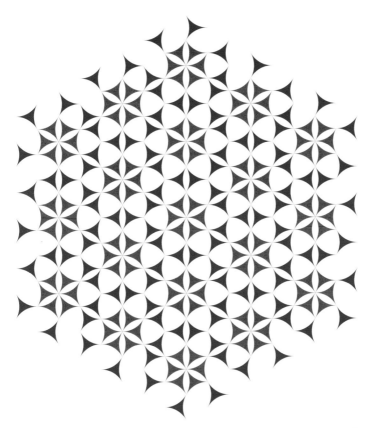

うつ -2

うつ -2

★ 嫌な気分がすっきり
★ 楽しい気持ちが復活
★ 前向きさを取り戻す

うつ傾向のある人は、この絵柄の白い部分（紫、赤以外）を自分の好きな色で塗ってみてください。塗り終わる頃には気分がすっきり！ うつ的な気分が改善しているのを感じられるでしょう。

精神、うつ病

精神、うつ病

★ うつ傾向に傾くのを防ぐ

★ 落ち込みを緩和

★ 心を上向きに

気持ちがうつに傾く人のためのクスリ絵です。スマホの待ち受け画面にしたり、目立つところに貼っておくと症状が緩和されます。人さし指で絵柄をなぞるのも効果的です。

奇跡を呼ぶ

奇跡を呼ぶ

★ 悩みを解決
★ 喜びをもたらす
★ 幸福へと導く

絵の脇に今抱える悩み事と、それが解決したときの喜びを記します。さらに解決せず状況が悪化した場合の辛さも書きましょう。そして「すべては空無（くらむ）に帰す」と祈ると奇跡が起きます。

脳神経1Ⓛ

脳神経1®

脳神経1

★ 判断力や計算力の向上
★ もの忘れを改善
★ 意欲が復活

判断力や計算力の低下、もの忘れ、頭がぼ〜っとするといった脳神経系の不調にまつわる症状を改善。枕の下や、枕カバーの中に入れて活用すると脳が活性化されます。意欲も復活してくるでしょう。

脳血管系、下垂体腫瘍修復＃２Ⓛ

脳血管系、下垂体腫瘍修復＃2®

脳血管系、下垂体腫瘍修復♯2

★ 脳の血管を強化
★ 下垂体の機能を活性化
★ 下垂体の腫瘍をケア

脳の血管系及び、全細胞に対し司令官のような働き
をする下垂体という器官の働きを強化。下垂体の腫
瘍を修復するエネルギーももっています。枕の下に
入れて活用すると効果を感じやすいでしょう。

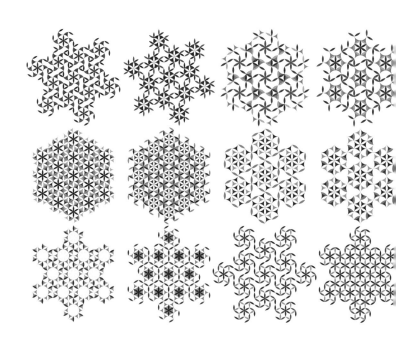

眼、水晶体Ⓛ

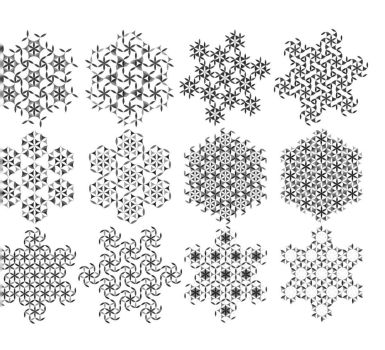

眼、水晶体®

眼、水晶体

★ 眺めるだけで眼がすっきり
★ 眼精疲労の軽減に
★ 眼の機能を向上

寝る前に眼の上に置いたり、枕の下などに入れてお
くと眼精疲労が緩和。眼の機能が徐々に回復してき
ます。スマホやパソコンのスクリーンセーバーにし
て、頻繁に眼に触れるようにしておくのも有効です。

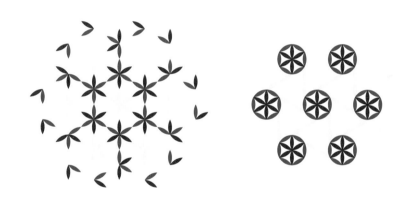

鼻、副鼻腔専門Ⓛ

鼻、副鼻腔専門®

鼻、副鼻腔専門

★ 鼻、副鼻腔の不調に
★ 鼻水、鼻詰まりを改善
★ 鼻がす〜っと楽に

鼻や副鼻腔に問題がある人は、これを枕の下に置いたり、胸、背中、お腹に絵柄を外側に向けて貼っておきましょう。鼻詰まりや、鼻水…といった不快な症状を改善してくれます。

口腔Ⓛ

口腔®

口腔

★ 口内の不快感を軽減
★ 口内炎を緩和
★ ヘルペスにも有効

口の中の痛み、苦みなどの不快感、ヘルペス、口内炎などの原因となるエネルギーを消去。Ⓡの絵に右手、Ⓛの絵に左手を置いて心の中で二つの絵が一つになるイメージをするとより効果的です。

甲状腺1Ⓛ

甲状腺1®

甲状腺1

★ 甲状腺をケア
★ 代謝を向上
★ 体調を改善

甲状腺の働きを良くするクスリ絵です。実際に甲状腺が悪くなくても、一つひとつの絵柄を好きな順番に指でなぞっていくと代謝が良くなり、体調もどんどん改善されていきます。

甲状腺2Ⓛ

甲状腺2®

甲状腺2

★ 甲状腺1の後に活用
★ さらに体調が整う
★ 運気も向上

　「甲状腺1」の後に、この絵柄も一つひとつ指でな
ぞるとさらに体調が整います。それだけでなく、運
気も向上！「甲状腺1」と「甲状腺2」を、それぞ
れスマホの待ち受け画面にするのもおすすめです。

心臓Ⓛ

心臓®

心臓

★ 心臓の気の停滞を解消
★ 心臓を癒してくれる
★ ハートの解放

狭心症や心筋症などの器質的疾患の場合は、病院での心臓検査を受けることをおすすめします。その上で、何も異常がなければこのクスリ絵をご活用ください。心臓の気の流れを改善してくれます。

胸部Ⓛ

胸部®

胸部

★ 胸部の気の流れを向上
★ 生命エネルギーが活性化
★ 元気が湧いてくる

絵柄を外側に向けて、胸のあたりに貼ります。そして、その上を指でトントントンと軽く叩くと、胸部の気の流れが良くなり、元気が湧いてくるのを感じられるでしょう。

胸部、乳腺Ⓛ

胸部、乳腺®

胸部、乳腺

★ 胸部をリラックス
★ 乳腺の不安を改善
★ 胸の気を流す

胸、特に乳腺に不安がある人は、これをコピーして
肌着の上から貼ってみてください。胸がほんのりと
温かくなって、気が流れるのがわかります。ほっと
した気持ちに包まれるでしょう。

呼吸器、気管支 -2 Ⓛ

呼吸器、気管支 -2 Ⓡ

呼吸器、気管支 -2

★ 呼吸が楽に
★ 痰の切れが良くなる
★ 痰そのものが消える

呼吸器のうち気管支の働きを向上する作用をもっています。絵柄を一つひとつ指でなぞっていくと、呼吸がしやすくなったり、痰の切れが良くなるのを感じられるでしょう。

肺、呼吸Ⓛ

肺、呼吸®

肺、呼吸

★ 呼吸を楽にする
★ 急性気管支炎に
★ 気管支喘息にも

一つひとつのクスリ絵に指で触れていってください。あっという間に呼吸が楽になり、身体もリラックスできるでしょう。急性気管支炎で咳が止まらない人、気管支喘息の人におすすめです。

膵臓Ⓛ

膵臓®

膵臓

★ 膵臓をケア
★ みぞおちの違和感を改善
★ 消化促進

膵臓は消化の要です。みぞおちあたりに違和感がある人は、このクスリ絵を切り取り、絵柄を外側に向けて貼ってみてください。ただし、症状が長引く場合は病院で検査をしてもらいましょう。

膵臓、糖尿専用Ⓛ

膵臓、糖尿専用®

膵臓、糖尿病専用

★ 糖尿病の原因となるストレスを緩和
★ 膵臓を不純物から守る
★ 膵臓を素粒子レベルでケア

膵臓の不調を訴える人が増えています。糖尿病もその一つです。糖尿病の治療には食事療法と運動が必要ですが、ストレスを軽減することも必須。そのストレスを和らげるうえで役立つクスリ絵です。

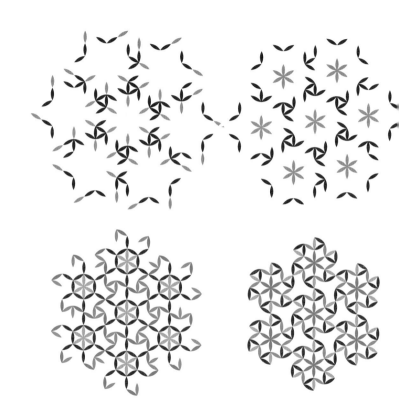

胆のう⑥

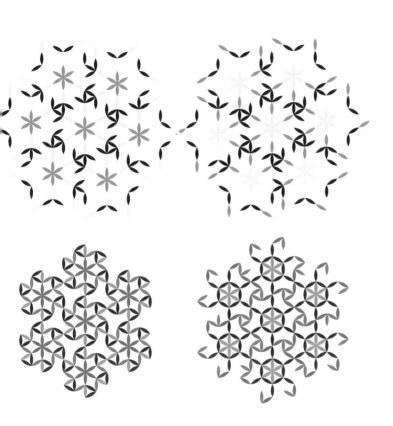

胆のう®

胆のう

★ 胆のうを炎症から守る
★ 胆のうの負担を軽減
★ 肉類をよく食べる人に

胆のうは炎症を起こしやすい臓器といわれています。特に、胆のうの負担となる動物性のものを食べ過ぎたときは、絵柄を一つひとつなぞるようにしましょう。炎症を予防できます。

小腸、十二指腸Ⓛ

小腸、十二指腸Ⓡ

小腸、十二指腸

★ 小腸、十二指腸の機能を向上
★ 消化・吸収力を高める
★ 健康的な体質へと導く

食事を摂っているにもかかわらず栄養をきちんと吸収できず、やせているという人へ。みぞおちから右肋骨下にかけて、絵柄を外側に向け、服、あるいは下着の上から貼ってみてください。

大腸1Ⓛ

大腸1®

大腸1

★ お腹の張りに
★ 便秘・下痢を緩和
★ 消化不良を改善

お腹が張る、便秘、下痢、消化不良など腸が過敏な人におすすめ。絵柄を外側に向けて、お腹や背中に貼りましょう。両方同時に貼ると、さらに効果的です。貼った直後にお腹が鳴ったら効いている証拠。

大腸2Ⓛ

大腸2®

大腸2

★ 吐き気・嘔吐を緩和
★ お腹の冷えを改善
★ 足腰の冷えにも有効

お腹の冷え、さらに吐き気や嘔吐があるときに。絵柄を外側に向けて、お腹や、背中に直接貼ると症状緩和に役立ちます。絵柄を上にして置き、その上に座布団を敷いて座ると、足腰の冷えにも効果的。

骨関節Ⓛ

骨関節®

骨関節

★ 骨の病気やケガを予防
★ 骨、関節の痛みをケア
★ 身体の可動域を向上

普段から触れておくと、骨の病気やケガをしにくく
なります。ケガなどで、骨や関節に痛みがあるとき
には、気に入った絵柄を切り取り、絵柄を外側に向
けて患部に貼っておくと良いでしょう。

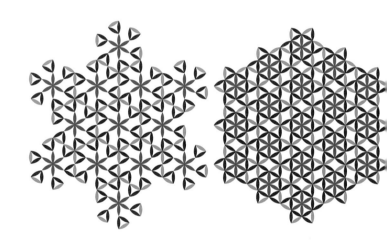

こり、関節Ⓛ

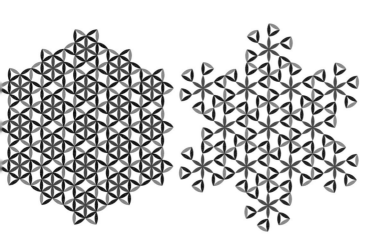

こり、関節®

こり、関節

★ 関節のコリを改善
★ 関節の痛みを緩和
★ 全身の痛み止めに

関節の痛みを癒す作用が特に強く、クスリ絵における痛み止めともいえる自信作です。全身に痛みを感じる際は、コピーをして、絵柄を外側に向けて気になる部位に貼ってお使いください。

リンパの流れを良くする - 2Ⓛ

リンパの流れを良くする - 2®

リンパの流れを良くする - 2

★ リンパの流れが改善
★ むくみをケア
★ 身体を軽やかに

絵柄を外側に向け、両脇の下、お腹、背中に当てる
と、リンパの流れが良くなり、むくみが取れやすく
なります。それでも変化がない場合はコピーをし
て、両手両足にのせると良いでしょう。

血管系、血液を正常にする膜Ⓛ

血管系、血液を正常にする膜®

血管系、血液を正常にする膜

★ 気の流れを活性化
★ 静脈の血流を促進
★ 血液循環を正常に

血管のうち主に静脈の血流を促します。絵柄を上にして地面に置き、その上に立つと足元からエネルギーが入ってくるのを感じられるでしょう。日々の健康管理にご活用ください。

血管系、血液循環 -1 Ⓛ

血管系、血液循環 -1 ®

血管系、血液循環 -1

★ 指から全身に気がめぐる
★ 血液循環を向上
★ 血管を丈夫に

絵柄一つひとつを指でなぞっていくと、血液循環を
良くするエネルギーが指をとおして全身へと流れて
いきます。人によっては、ビリビリしたり温かい感
じがするようです。

気力Ⓛ

気力®

気力

★ だるさを一掃
★ やる気が向上
★ 気力に満ち溢れてくる

今一つ気分が乗らないとき、この絵柄に触れている
とモチベーションがみるみる向上。気力が満ちてき
ます。向かって®の絵は右手、Ⓛの絵は左手で触れ
るようにしてください。

疲労回復Ⓛ

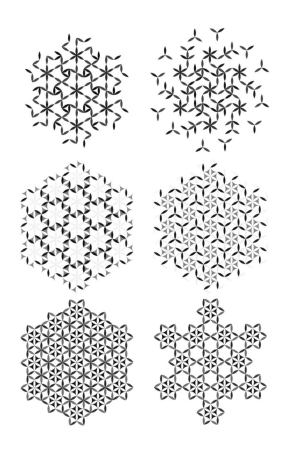

疲労回復®

疲労回復

★ 全身に気をめぐらせる
★ 気力が満ちてくる
★ 疲労が徐々に回復

Ⓡの絵柄に右手、Ⓛの絵柄に左手を当て、静かに目
を閉じると、両手からエネルギーが上昇してくるの
を感じられるはずです。コピーして、背中やお腹に
絵柄を外側に向けて貼るのもおすすめです。

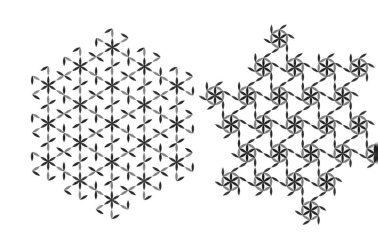

熟睡できる膜Ⓛ

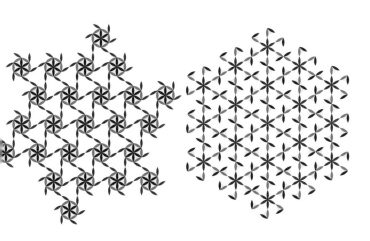

熟睡できる膜®

熟睡できる膜

★ 睡眠の質が向上
★ 熟睡できるように
★ 目覚めもすっきり

寝る前に数分間、このクスリ絵を眺めていると熟睡しやすくなります。初めは効果を感じにくいかもしれませんが、まずは10日間試してみてください。明らかに熟睡できるようになります。

B シリーズ Ⓛ

B シリーズ®

B シリーズ

★ 病気の予防に
★ 痛みを緩和
★ 睡眠の質を向上

免疫の要となる全細胞を活性化。病気予防に役立ちます。また、痛みにも効果があるので、痛みを感じる部位に絵柄を外側に向けて貼っておいてください。枕の下に入れておくと睡眠の質も向上します。

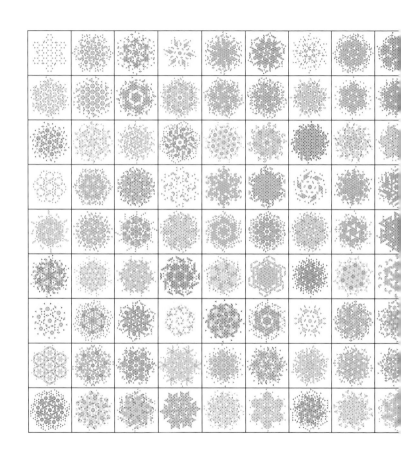

生還Ⓛ

生還®

生還

★ 不治の病にも効果を発揮
★ あらゆる不調に
★ 生命エネルギーを活性化

不治の病にも効果を発揮するほど、生命エネルギー
を活性化。枕の下に入れたり、絵柄を外側に向けて
背中に貼ると、今必要な変化を瞬時に体感できるで
しょう。日常的に活用すれば命が輝き始めます。

がん Ⓛ

がん®

がん

★ がんのことで不安なときに
★ がん体質、がん家系の人へ
★ がんからあなたを守る

特にがん家系の人、がん体質の人は、毎日一つひとつの絵柄に触れながら「大丈夫」と心の中で唱えましょう。そのとき身体に熱さを感じたら気が流れている証拠です。がんになりにくい状態へと導きます。

214

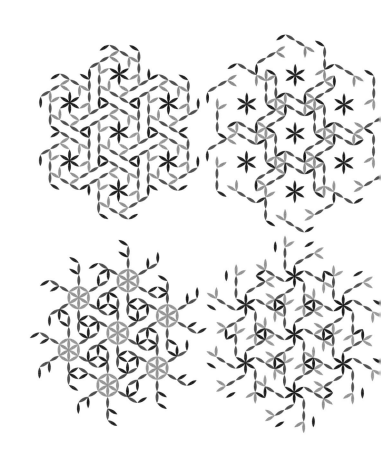

痛み Ⓛ

痛み®

痛み

★ 顔面、頭部の痛みを緩和
★ 胃痛を和らげる
★ 腰痛にも有効

頭痛、胃痛、腰痛など、さまざまな痛みに効果的です。主に顔面、頭部の痛みに良く効きます。「これほど痛みに効くクスリ絵を経験したことがない」という人もいるほど、効果は絶大。

じんましん、かゆみⓁ

じんましん、かゆみ®

じんましん、かゆみ

★ 細胞に働きかける
★ じんましんを根本からケア
★ じんましんの症状を緩和

じんましんを起こす細胞や、物質の働きを抑制します。首の後ろやヘソに、絵柄を外側に向けて当てるとじんましんが治りやすくなります。疲れがたまると発症しやすいという人の、心強い味方です。

甘味依存症Ⓛ

甘味依存症®

甘味依存症

★ 甘いものを断ちたいときに
★ 甘いものへの依存から解放
★ 甘いものの食べ過ぎ改善

甘いものを食べる前に、まず絵柄の上にその食べものを数分置いてください。甘味を欲する気持ちが和らぎます。スマホの待ち受け画面にして毎日眺めた結果、甘味依存症が解消した人もいます。

やせ⓵

やせ®

やせ

★ 発汗を促す
★ やせ体質へと導く
★ ダイエットの成功を後押し

絵柄を外側に向けて腹巻に入れてヘソの周辺に当てておくとその部分が発汗し、やせ体質に。ダイエット成功を祈りながら右手の人さし指で絵柄の一つひとつに触れ、さらに両手で触れると効果的です。

最高に美しく-1 Ⓛ

最高に美しく -1 ®

最高に美しく - 1

★ 目元がパッチリ
★ 表情が明るくなる
★ 美しさが輝く

これを毎日、暇なときに数分でも良いので眺めてみ
ましょう。目元がパッチリしてきて、表情が華やい
できます。美しくなりたい！ という人は普段のケア
にプラスしてクスリ絵もぜひご活用ください。

最高に美しく -2 Ⓛ

最高に美しく -2 Ⓡ

最高に美しく-2

★ より表情が明るく
★ パッと華やかな印象に
★ 内なる美しさが輝く

「最高に美しく-1」と併せて活用すると効果的です
が、ご自身が惹かれるほうだけ活用しても構いませ
ん。大切なのは、思考を働かせず継続的に眺め、美
しくなることを信頼することです。

美容Ⓛ

美容®

美容

★ 全身の美容に
★ 理想のキレイに近づける
★ 表情から美しく

®と⑭ともに、絵柄を外側に向けてお腹と背中に貼ると全身の美容に効果的です。絵柄一つひとつを指でなぞるのもおすすめです。それだけで、気持ちが明るくなり美しさに磨きがかかります。

保護、不純物除去Ⓛ

保護、不純物除去®

保護、不純物除去

★ 心身の不純物を除去
★ 不純物の侵入を防ぐ
★ 人を守るエネルギーで満たす

私たちが生活する空間には、さまざまな種類のエネルギーが存在します。その中には、人を傷つけるものがあり、それを不純物といいます。絵柄一つひとつに手や指で触れると不純物を除去できます。

246

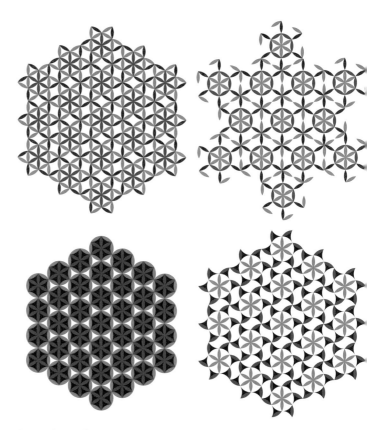

自分や他人の心の中の悪意消滅Ⓛ

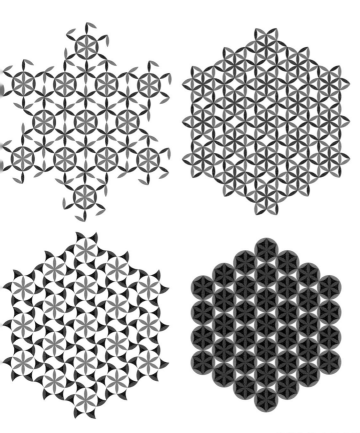

自分や他人の心の中の悪意消滅®

自分や他人の心の中の悪意消滅

★ ネガティブなエネルギーを消滅
★ 問題を引き寄せなくなる
★ 対人関係が良好に

絵柄一つひとつをよく見ながら「愛しています。ありがとう。ごめんなさい。許してください」とハートに向かって言うと、ネガティブな出来事を引き寄せるエネルギーを消滅させることができます。

PART
3

立体クスリ絵

幾何学図形や三次元立体には、人の心や身体、生命エネルギーを活性化する驚くべき力が秘められています。このことは太古から脈々と受け継がれている、宇宙の真理とも言えるでしょう。本章で紹介するクスリ絵は一見すると平面（二次元）に見えますが、立体構造をもつ図形や幾何学模様を二次元に落とし込んでいます。目には見えなくとも立体と同じエネルギーを放っており、その効果は絶大です。

CHECK!

絵柄を切り離して活用される場合、2枚セットの絵柄は、並べて左右の手からエネルギーを感じたり、絵柄を外側に向け、重ねて身体に当てる、あるいは貼っても構いません。その場合、どちらの絵柄を上にするのかは、ご自身の感覚を頼りに心地いいほうを採用してください。

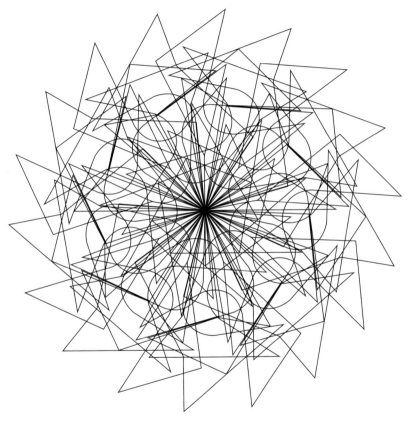

栄養を受け入れる能力

栄養を受け入れる能力

★ 栄養をしっかり吸収できる
★ 元気がみなぎる
★ 気力、やる気が向上

きちんと食べているのに元気がない、気力がない、やる気が出ない人は食事から栄養を吸収する能力が不足している場合も。この絵柄を外側に向けてヘソに貼ると栄養を吸収する能力が向上します。

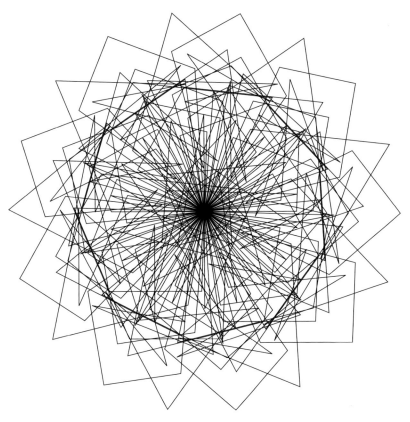

エネルギーを高める

エネルギーを高める

★ 疲れを改善
★ 気力、やる気が向上
★ 持久力アップにも

疲れやすい、気力がない、やる気が出ない、持久力がないという人は、身体の気になる部分に絵柄を外側に向けて貼っておきましょう。絵柄を指でなぞるだけでも効果的です。

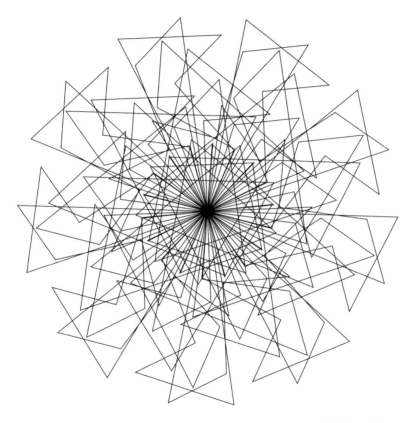

エネルギーバランス

エネルギーバランス

★ 地に足が着く
★ 行動がスムーズに
★ しっくりくる感覚が増す

体力や気力はあるのに何をやってもしっくりこない、どこかチグハグした感じがする…という人におすすめのクスリ絵です。絵柄を外側に向けてヘソや胸に貼るとエネルギーバランスが整います。

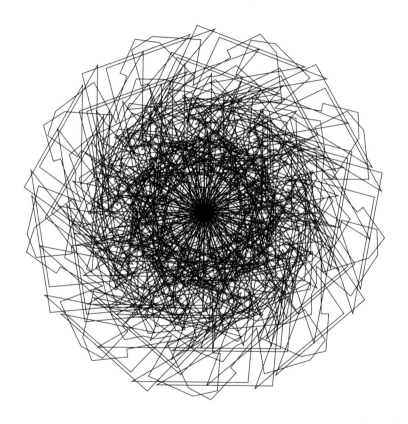

エーテル体の調整

エーテル体の調整

★ エーテル体を整える
★ 原因不明の不調に
★ 日々の健康管理に

エーテル体という身体を取り囲むエネルギー領域の
不調ケアに。絵柄を外側に向けてヘソや胸、首に貼
りましょう。多くの人がエーテル体に不調を抱えて
いるので、日々のケアにぜひご活用ください。

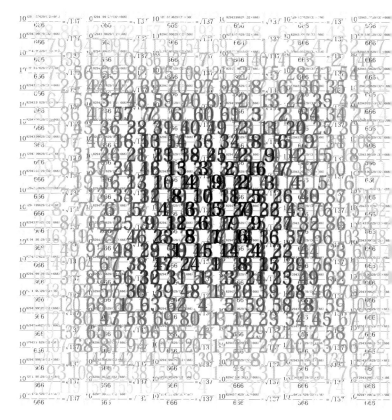

宇宙方程式Ⓛ

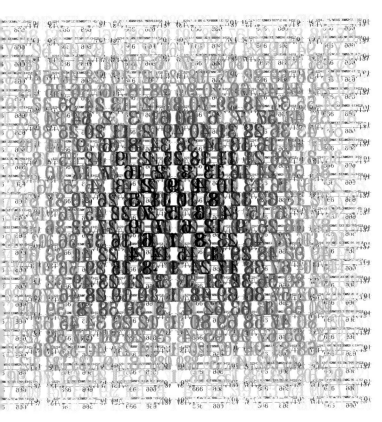

宇宙方程式®

宇宙方程式

★ 成功へ導く
★ 開運効果
★ 痛みを癒す

自分の選択、行動が着実に成功に向かって積み上げられるようサポート。額に入れて飾っておくと開運効果も期待できます。絵柄を外側に向けて、みぞおちやヘソ、背中に貼ると身体の痛みが癒されます。

意識への作用&身体と心の不調別

意識への作用

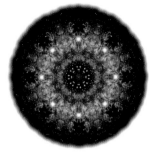

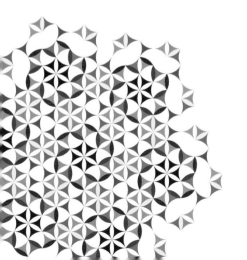

268

心の不調

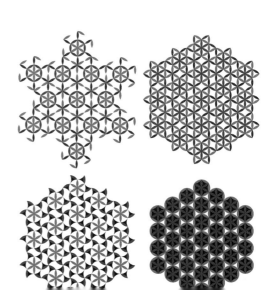

クスリ絵 PRO

クリニックで医師が活用
最新版85種類を遂に大公開!

2021年11月15日　初版発行

著　者　丸山修寛
発行人　西　宏祐
発行所　株式会社ビオ・マガジン
〒141-0031　東京都品川区西五反田8-11-21
五反田TRビル1F
電話:03-5436-9204　FAX:03-5436-9209
http://biomagazine.co.jp/

装幀・デザイン　鈴木衛(東京図鑑)
DTP　堀江侑司
編集　染矢真帆
編集協力　ユニカ
校正・校閲　株式会社ぷれす
印刷所 株式会社 シナノ

本書に掲載しているクスリ絵には、名称のあとにナンバー(1、2など)のついたクスリ絵があります。その中には、1がなく2のみのもの、2がなく1のみのものもありますが、それは数多く作成されたクスリ絵より、より効果的なものを選んでいるためです。どのクスリ絵も単独でも効果があります。

丸山修寛先生の最新情報

アカウント情報

インスタグラム @kusurie_0915

ライン @maruyamaroom

ライン公式アカウントでは、丸山先生の最新動画を公開と同時にお届け。さらに新刊やDVDの発売情報など も、どこよりも早くお知らせします。

LINEに登録いただいた方に
クスリ絵「アマテラスオホミカミ」の
待ち受け画像をもれなくプレゼント!